DISCOURS

PRONONCÉ PAR

M. ISAAC PEREIRE

AU COMICE AGRICOLE DE BEYNAT

(CORRÈZE)

Le 9 Octobre 1864

PARIS

IMPRIMERIE ADMINISTRATIVE DE PAUL DUPONT

Rue de Grenelle-Saint-Honoré, 45.

1864

DISCOURS

PRONONCÉ PAR

M. ISAAC PEREIRE

AU COMICE AGRICOLE DE BEYNAT

(CORRÈZE)

Le 9 Octobre 1864

PARIS

IMPRIMERIE ADMINISTRATIVE DE PAUL DUPONT

RUE DE GRENETLE-SAINT-HONORÉ, 45

—

1864

DISCOURS

PRONONCÉ PAR

M. ISAAC PEREIRE

AU COMICE AGRICOLE DE BEYNAT (CORRÈZE)

Le 9 Octobre 1864.

MESSIEURS,

C'est avec une vive satisfaction que je me retrouve au milieu de vous. L'an dernier déjà, à pareille époque, j'avais l'honneur de présider votre Comice. Je développai devant vous le programme du puissant économiste, du grand homme d'État qui, dans ce pays même, fit l'essai des plus utiles améliorations qu'on eût encore conçues. Associant le nom de Turgot à tous les progrès de l'agriculture, je recherchai avec vous les progrès nouveaux que l'on peut attendre de l'avenir.

Cette année, appelé à vous parler de vos plus chers intérêts;

j'irai en puiser l'intelligence à l'une des meilleures sources, j'interrogerai les actes de l'un des hommes qui furent le plus dévoués à ces intérêts, à l'un des pères de notre agriculture, au grand ministre Sully, dont le nom rappelle tout de suite sur nos lèvres celui du plus populaire et du plus français de tous les rois de France, d'Henri IV,

Le seul roi dont le pauvre ait gardé la mémoire.

Rien n'est plus utile et plus instructif que de converser ainsi avec ces maîtres de la vie, avec ces hommes d'un autre âge, que le temps sépare de nous en apparence, et qui n'en sont pas moins nos contemporains par les leçons qu'ils nous donnent encore.

Rarement ils ont vu leur œuvre s'achever dans les limites de leur existence. Les incidents de la politique, les mille complications de la vie sociale retardent la réalisation des projets les plus utiles. Ce n'est pas le succès immédiat d'une idée qui doit en faire la gloire, c'est son utilité, que recueillera l'avenir.

Sully fut grand par ce qu'il fit. Il fut plus grand encore par ce qu'il entreprit ou projeta.

Avant lui, l'agriculture était étouffée, le labour avait cessé dans presque tout le royaume, et la misère publique semblait être devenue le patrimoine des contrôleurs, des receveurs, des comptables de toute sorte. Les levées faites au nom du roi s'élevaient à 47 millions de livres; elles ne rendaient au Trésor que 25 millions, dont il fallait déduire au moins 16 millions pour le service des dettes énormes qui écrasaient le gouvernement. Il ne restait pas 9 millions pour les dépenses publiques !

Pour tirer la France de cet abîme, Henri IV avait besoin d'un ami vertueux et d'un grand ministre. Il appela à lui le marquis de Rosny, depuis duc de Sully, l'un de ses compagnons d'armes, l'un des héros des guerres de la Ligue, qui, au sens le plus droit, à l'amour le plus pur du bien public joignait une énergie et une persévérance indomptables.

Rien n'est plus saisissant que de voir cet homme de guerre, parmi les chiffres et les dossiers, dur et rude comme dans la bataille, percer, couper tous ces vieux abus qui criaient en vain grâce et merci !

Aucune plainte ne l'arrête. Il assure d'abord les fonds destinés aux services publics, réforme les comptes, vérifie toutes les rentes, et rachète pour plus de 35 millions de domaines aliénés. Quel prodigieux changement ! En douze ans, il avait diminué le fardeau des tailles de 40 millions ; il avait payé 100 millions de dettes, qui feraient plus de 270 millions d'aujourd'hui. L'impôt, à la fin du règne, rendait net, après l'acquittement des charges, 16 millions. Les magasins, les arsenaux étaient remplis ; l'aisance et le bien-être étaient revenus dans les campagnes.

Des résultats aussi considérables ne pouvaient être dus seulement à des mesures financières et à la gestion sévère des deniers de l'État. Sully en était encore moins redevable à ses principes économiques, que nous ne saurions admettre sans réserve, car il commit la faute grave de rendre un édit, sévère jusqu'à la peine de mort, pour empêcher l'exportation des matières d'or et d'argent. Mais cette erreur économique peut bien être pardonnée à Sully, quand nous voyons, aujourd'hui même, le travail national arrêté tout entier par suite de préjugés de même nature.

On sait aussi son peu de goût pour les manufactures et pour l'industrie.

Esprit droit et simple, tout préoccupé d'agriculture, il était, comme le paysan français, exclusivement amoureux de la terre. Il sentait que toute richesse est dans son sein ; que, sous notre beau ciel, dans nos plaines et nos vallées privilégiées, le travail des cultivateurs, s'il est encouragé, fait en peu de temps des miracles, et que l'agriculture ressuscitée aurait bientôt, comme une fée, changé la face du royaume.

Pour opérer cette transformation, il fallait, avant tout, rendre la paix et la sécurité à nos campagnes désolées depuis trente-six ans par les sévices des gens de guerre, et qui ne connaissaient pas d'autres émotions que celles de la saisie, de la contrainte, de l'expropriation. Les braconniers, les rôdeurs armés furent réprimés. Il fut interdit de saisir la personne du travailleur et ses instruments aratoires. Plus de contrainte ! Plus de saisie ! Le courage revint au cœur du paysan. D'un bras plus vigoureux il enfonça dans le sol ces instruments de travail dont la possession lui était garantie.

Bien plus, son bétail même, par un bienfait nouveau, devint insaisissable. Le taureau qui partage ses fatigues, cette vache qui lui donne son lait, il put les voir d'un œil tranquille paître dans la prairie. Rassuré sur l'avenir, il put acheter, augmenter le troupeau et en vendre les produits, tout en doublant la moisson par l'engrais. Ainsi fut procurée la multiplication des bestiaux, « principe de la fécondité des « terres. »

Sully n'oubliait rien. Il voulut conserver au laboureur ses épargnes, qui lui sont si nécessaires pour mettre les terres en plein rapport. Il lui remit donc 20 millions de tailles arriérées en 1598. Il réduisit sa quote-part en imposant la bourgeoisie et les nouveaux nobles. Quelque pressants que fussent les besoins du Trésor, il diminua les tailles de 6 millions depuis 1600. Il savait bien que l'État s'enrichit quand il vide ses caisses en apparence au profit du travail agricole, et que l'agriculture, à l'exemple du sol, faisant beaucoup de peu, rend au centuple ce qu'on lui donne.

Sully fut infatigable : il fit dessécher les marais ; il arrêta la dévastation des forêts ; sa sollicitude s'étendit jusque sur les poissons de nos rivières. Il fut enjoint aux procureurs de veiller *à ce que l'on ne pesche en temps de fraye prohibé et défendu, et qu'aucuns poissons ne s'exposent en vente, qu'ils ne soient de la qualité portée par les ordonnances.*

On s'occupa même à repeupler les étangs, réservoirs et canaux. Dès cette époque, furent conçus les projets de pisciculture, qui passent aujourd'hui pour des nouveautés.

Sully fut grand surtout par ses idées sur la liberté du commerce agricole. D'absurdes préjugés, des calculs égoïstes interdisaient la sortie des denrées. Les grains étaient bloqués dans le lieu même de leur production et s'y vendaient à vil prix, au grand contentement de la population des villes, des bourgeois et des Parlements ; le laboureur n'était pour eux, en effet, qu'une machine propre à produire le blé. Henri IV et Sully le relevèrent de cette déchéance. Il devint le maître des fruits de son travail qui, comme toute autre marchandise, se payèrent plus ou moins cher selon leur abondance ou leur rareté et qu'il put transporter librement hors du royaume. Dès lors, l'argent reflua vers les campagnes. Les impôts furent mieux acquittés. Le peuple eut de quoi se mieux nourrir et de quoi développer largement toutes ses cultures.

Cet admirable progrès trouve sa formule dans les paroles suivantes de Sully : « Autant il y a de divers climats, régions et contrées, « autant semble-t-il que Dieu les ait voulu diversement faire abonder « en certaines propriétés, commodités, denrées, matières, arts et « métiers spéciaux et particuliers, qui ne sont point communs ou « pour le moins de telle bonté aux autres lieux, afin que, par le « trafic et commerce de ces choses, dont les uns ont abondance et « les autres disette, la fréquentation, conversation et société humaine « soit entretenue entre les nations, tant éloignées puissent-elles être « les unes des autres. »

Il est triste de songer qu'un si bel enseignement ait été oublié sous les règnes de Louis XIV et de Louis XV, et la liberté commerciale misérablement répudiée. Il fallut tout le génie de Turgot pour faire revivre, à la fin du dix-huitième siècle, le grand principe d'Henri IV, de Sully, et le règne seul de Napoléon III en aura proclamé le triomphe définitif.

Sully n'était étranger à aucune des idées qui font aujourd'hui la grandeur et la prospérité de la France. Mieux que personne, il comprit l'immense utilité des voies de communication. Partout les ponts furent refaits et rétablis et les anciennes routes réparées. On en créa de nouvelles qui furent marquées par des ormes. Dans quelques-unes de nos provinces, le voyageur s'arrête avec émotion et respect devant ces ormes séculaires que la reconnaissance populaire appelle encore Rosnys, du premier nom de ce grand ministre.

Sully fut aussi frappé de l'importance et des avantages des voies de communication par eau. Pour se rendre bien compte de ces avantages, il faut savoir, dit M. Poirson, « qu'à la fin du seizième siècle et dans les deux siècles qui suivirent, un chariot, attelé de six chevaux et conduit par deux hommes, portait au plus 3 milliers. Un bateau n'exigeait que le service de deux mariniers et portait 300 milliers. Par conséquent, un seul bateau épargnait le salaire de 200 hommes, la nourriture et l'entretien de 600 chevaux. »

Sully entreprit et exécuta le canal de Briare, qui fut, dans ce siècle, le type et le modèle de tous les canaux. Il prépara un vaste réseau de voies navigables qui, reliant la Seine à la Loire, la Loire à la Saône, la Saône à la Meuse, devait mettre en communication les mers du Nord et la Méditerranée et porter sur tous les points le mouvement et la vie. Il fit faire le tracé et le plan du canal du Languedoc, devançant ainsi l'œuvre immortelle de Riquet.

Tels sont les traits principaux de l'œuvre de Sully. Tous les progrès de l'agriculture furent résumés alors dans le curieux ouvrage d'Olivier de Serres, *le Théâtre de l'Agriculture*, qu'Henri IV lisait religieusement une demi-heure par jour. Ces progrès n'étaient que le prélude de l'ère nouvelle qui allait s'ouvrir.

La France aurait été trop heureuse, trop prospère, si le poignard d'un assassin fanatique, en frappant le meilleur des rois, n'avait arrêté du même coup l'action de son ministre. Et que n'eût produit le bel accord d'Henri IV et de Sully! Tous les deux, occupés sans cesse des causes de la misère, allaient par le pays, interrogeaient le paysan, s'arrêtaient dans la chaumière du pauvre et cherchaient à soulager ses maux. Tous les deux, actifs, infatigables, eurent le même cœur, le même amour pour le peuple : « Si Dieu me donne vie, disait « Henri IV, je ferai qu'il n'y aura pas de laboureur en mon royaume « qui n'ayt moyen d'avoir une poule dans son pot. » Ce mot fut la devise de Sully. A la fin du règne, il était devenu une réalité dans plusieurs de nos provinces.

Sully lui-même disait « que le labourage et le pasturage estaient « les deux mamelles dont la France estait alimentée, et les vraies « mines et trésors du Pérou. » Et ce mot, dit un historien, était au cœur d'Henri IV.

Ce mot, éternellement vrai, ne saurait être trop médité. Le *labourage* et le *pâturage* sont les deux éléments indispensables qui concourent à la production. Ils ne peuvent être séparés sans qu'immédiatement elle s'arrête ou diminue. Où manque l'un de ces éléments, l'autre aussi fait défaut. Comme les deux bœufs que l'on attelle ensemble à la charrue, et qui d'un même pas creusent le même sillon, ainsi le labourage et le pâturage, dans leur accord fraternel, se soutiennent l'un l'autre. Le progrès agricole est tout entier dans leur équilibre.

Les peuples primitifs sont exclusivement laboureurs ou pasteurs.

Les peuples avancés en civilisation sont laboureurs et pasteurs dans la proportion et la mesure que fixent l'expérience et la science.

Le labour et le pâturage sont, en effet, nécessaires au même titre. Il faut le labour et la paille des champs, mais il faut aussi le bétail pour faire le fumier qui répare et refait toutes les terres, de quelque manière qu'elles soient exploitées, en vignes, en champs ou en prairies.

Olivier de Serres conseillait d'exploiter les deux tiers du domaine en bois et prairies. Cette proportion était peut-être excessive. Le travail des cultivateurs salariés eût été trop réduit. Mais il est trop vrai que, dans le partage des terres, on n'a pas fait encore une assez large part au pâturage.

C'est même pour avoir rompu l'équilibre des éléments de production que les siècles de Louis XIV et de Louis XV ont vu dépérir l'agriculture. Les terres à blé ont été, dans ces deux siècles, démesurément étendues au détriment du pâturage.

Le bétail, dès lors, a diminué. Sans bétail plus d'engrais, moissons maigres et chétives. Plus on labourait, et moins on avait de blé.

Il faut revenir au mot de Sully. Aujourd'hui surtout, dans notre ère de progrès et de science, les éléments de production doivent être combinés de manière à ce que la terre donne partout la plus grande somme possible de produits. Ce résultat sera atteint par le développement du pâturage et la multiplication du bétail.

Nous n'envierons pas dès lors aux peuples moins avancés en civilisation le blé qu'ils nous envoient. Cette apparente prospérité ne saurait entrer en comparaison avec celle d'un pays comme la France, où plus de vingt millions de paysans, propriétaires, affranchis par le travail, rivalisent d'ardeur et de zèle pour la production de la richesse.

Et comment douter de l'avenir dans un pays où, suivant l'expression du ministre actuel des travaux publics, de l'agriculture et du commerce, « l'agriculture est le premier des intérêts publics, où elle est « toujours certaine d'obtenir la première place sous un gouvernement « qui recherche incessamment le grand et l'utile, et qui met au pre- « mier rang de sa sollicitude, tout ce qui touche au bien-être des « populations. »

Sous cette impulsion, les concours régionaux se multiplient, l'industrie du bétail se développe, le pâturage s'étend, et le labourage lui-même voit se perfectionner ses instruments et ses méthodes.

Depuis notre précédente réunion, vous n'avez pas vu apparaître, il est vrai, de nouvelles machines agricoles, mais les progrès déjà acquis ont continué à se consolider. Les faucheuses et les moissonneuses se vulgarisent, en même temps qu'elles se perfectionnent. Les machines à labourer à vapeur prennent définitivement leur place dans la grande culture, et nous ne devons pas désespérer de voir les modèles se multiplier sous des formes appropriées aux différentes natures du sol et aux divers besoins de la culture.

Les sciences auxiliaires de l'agriculture poursuivent avec succès la mission que nous avons définie, l'an dernier, devant vous. Les recherches des chimistes se continuent avec la même ardeur que par le passé. La fabrication des engrais s'approprie de plus en plus les enseignements de la théorie, et les produits offerts à l'industrie agricole tendent à se dégager des matières inertes qui en augmentent le poids et les frais de transport, sans rien ajouter à leur efficacité.

Le jour où la science aura fourni le moyen de retenir les éléments précieux de fertilité qui se dispersent dans les égouts de nos villes, dans les ruisseaux de nos campagnes, en même temps qu'elle aura appris à extraire des roches les principes fertilisants que certaines d'entre elles contiennent, le jour où la chimie aura fait pour la culture quelque chose d'analogue à ce qu'elle a fait si heureusement pour la médecine, en isolant la quinine de l'écorce du quinquina, l'agriculture aura acquis une force de production qui enrichira les populations de nos campagnes, en même temps qu'elle améliorera les conditions de l'existence générale.

Nous ne pouvons pourtant vous conseiller de vous engager systématiquement dans l'essai de toutes les nouveautés qui se produisent. Soyez surtout attentifs aux résultats; et, comme dans vos campagnes vous jugez l'arbre par ses fruits, ne jugez que par leurs bienfaits réels les découvertes les plus ingénieuses de la science. Quelque séduisant que soit leur mérite, elles ne peuvent avoir qu'un seul titre à vos yeux : l'utilité. Pesez tout à cette balance.

N'oubliez pas d'ailleurs qu'il est encore un plus grand et un plus sûr moyen de succès. Au-dessus de tous les procédés et de toutes les méthodes de culture, au-dessus même de la science, nous placerons toujours bien haut le courage et le cœur du paysan, le goût et l'amour de la vie rustique : c'est par là que les campagnes seront puissantes et prospères.

Aimez donc la terre pour qu'elle vous comble de ses dons. Comme Henri IV, comme Sully, aimez le labourage et le pâturage, ces deux sources fécondes de bien-être, ces deux mystères de vie que la France recèle dans son sein. — Et ce n'est pas seulement la richesse, c'est la vigueur et l'énergie morale que développent ces nobles travaux. Sully le savait bien. Comme tout son siècle, il plaçait dans les champs l'idéal de la vie heureuse; mais il la voulait forte et vaillante. Il ne pouvait se plaire aux rêves efféminés de la littérature de son temps. Ses laboureurs et ses bergers n'étaient pas des laboureurs paresseux, des bergers languissants et mous. Sully se faisait une tout autre idée de la vie champêtre; il en avait vu de près les rudes labeurs; il savait que l'épargne et la sobriété, le grand air, les exercices multipliés, sont une école de vaillants soldats. Il pouvait déjà pressentir qu'un jour cette masse grandissante de cultivateurs, devenus propriétaires, serait la plus forte base de la nation, et que cette vigoureuse discipline ferait de la France entière, comme autrefois de la Rome ancienne, la merveille du monde.

Heureux s'il avait pu se dire qu'un jour aussi, sous un règne glorieux, revivrait le plus grand projet du règne d'Henri IV, le projet de désarmement, de paix et d'amitié universelle entre les nations!

Avant de nous séparer, permettez-moi de prononcer ici publiquement pour la dernière fois le nom d'un de nos collaborateurs les plus utiles, du vice-président de notre Comice qu'une mort soudaine nous a enlevé. M. de La Praderie était une des lumières du Comice. Vous tous qui avez connu son dévouement à notre œuvre, vous conserverez religieusement sa mémoire. Et puisse le souvenir de cet homme de bien être un lien de plus entre nous !

Permettez-moi de payer aussi un tribut de regrets à la mémoire de l'un de vos compatriotes et de dire ici un dernier adieu à M. Musac, l'ami du colonel Corrèze et le mien, le professeur éclairé, l'hôte aimable de notre dernier Comice.

PARIS, IMP, PAUL DUPONT, RUE DE GRENELLE-SAINT-HONORÉ, 45.

PARIS, IMP. PAUL DUPONT, RCE DE GRENELLE-SAINT-HONORÉ, 45 (562)